BEI GRIN MACHT SICH IHR WISSEN BEZAHLT

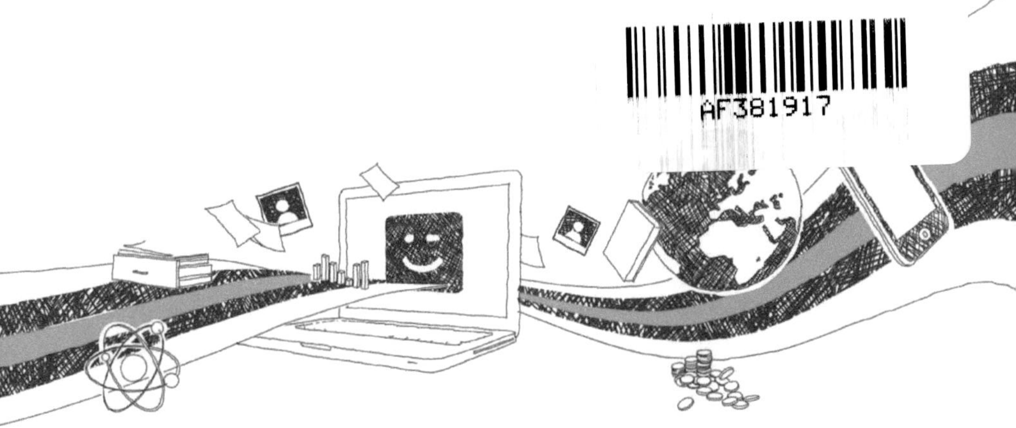

- Wir veröffentlichen Ihre Hausarbeit,
  Bachelor- und Masterarbeit

- Ihr eigenes eBook und Buch -
  weltweit in allen wichtigen Shops

- Verdienen Sie an jedem Verkauf

Jetzt bei www.GRIN.com hochladen
und kostenlos publizieren

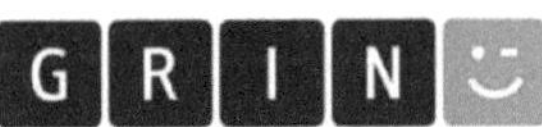

Ernst Probst

Séraphine Louis - Frankreichs große naive Malerin

GRIN Verlag

Bibliografische Information der Deutschen Nationalbibliothek:

Die Deutsche Bibliothek verzeichnet diese Publikation in der Deutschen National-
bibliografie; detaillierte bibliografische Daten sind im Internet über http://dnb.d-
nb.de/ abrufbar.

Impressum:

Copyright © 2011 GRIN Verlag, Open Publishing GmbH
Druck und Bindung: Books on Demand GmbH, Norderstedt Germany
ISBN: 978-3-640-88539-8

Dieses Buch bei GRIN:

http://www.grin.com/de/e-book/169871/seraphine-louis-frankreichs-grosse-naive-
malerin

Ernst Probst

Séraphine Louis

Frankreichs
große naive Malerin

Meiner Ehefrau Doris
sowie meinen Kindern Beate, Sonja und Stefan
gewidmet

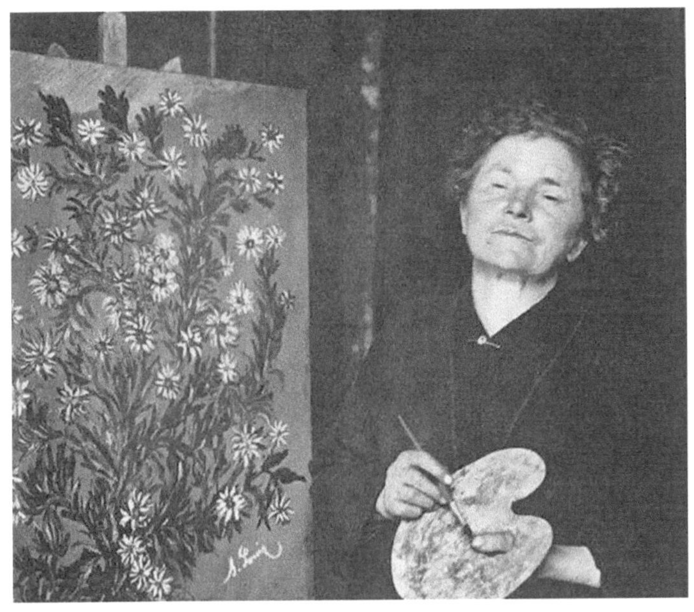

Séraphine Louis (1864–1942),
Foto von 1920

Séraphine Louis

Frankreichs große naive Malerin

Die einflussreichste naive Malerin Frankreichs war die Künstlerin Séraphine (1864–1942), eigentlich Séraphine Louis, manchmal auch Séraphine de Senlis genannt. Ihre mystisch-religiösen Bilder zeigen meistens Pflanzen und offenbaren eine suggestive Phantasie. Eines ihrer bekanntesten Werke heißt „Der rote Baum" und ist um 1927/1928 entstanden. Das Original wird im „Musée National d'Art Moderne" in Paris, aufbewahrt.

Séraphine Louis kam am 2. September 1864 in dem Dorf Arsy (Département Oise) zur Welt. Sie war das jüngste Kind des Taglöhners und Holzfällers Antoine Frédéric Louis sowie dessen Ehefrau, der Zugehfrau Adeline Julie Mayard (auch Maillard). Ihren wohlklingenden Taufnamen Séraphine hatte der Pfarrer vorgeschlagen. Ihr Namensheiliger dürfte die toskanische Heilige Seraphina bzw. Fina (12384–1253) aus dem Mittelalter gewesen sein. Ihre Mutter starb bereits 1865 ein Jahr nach ihrer Geburt. Nach dem Tod ihres Vaters 1871 wurden Séraphine und ihre drei Schwestern zu Vollwaisen.

Über die Kindheit von Séraphine ist wenig bekannt. Man weiß nur, dass sie oft auf nahegelegenen Bauernhöfen spielte, gelegentlich Schafe hütete und Bauern bei verschiedenen Arbeiten half.

Auf Vermittlung einer ihrer Schwestern erhielt Séraphine im Alter von 13 Jahren eine Stelle als Dienstmädchen in Paris.

Anderthalb Jahre später trat sie in Compiègne bei der Comtesse de Beaumini eine Stelle als Zimmermädchen und Küchenhilfe an. Diese Tätigkeit übte sie drei Jahre lang aus.

1881 wurde Séraphine in die „Kongregation der Schwestern des Convents de la Charité de la Providence" in Clermont aufgenommen. Welchen Status sie in diesem Kloster hatte, weiß man nicht. Vielleicht war sie dort nur Dienerin oder zumindest Laienschwester. Sicherlich legte sie jedoch nicht die Gelübde ab.

Nach rund 20 Jahren verließ Séraphine vermutlich 1901 aus unbekannten Gründen das Kloster in Clermont. Man weiß heute nicht mehr, ob der Austritt aus freien Stücken erfolgte oder ob sie dazu gezwungen wurde. Danach verdiente sie als Putzfrau bei einem Fräulein Fraissant nahe Just-en-Chaussée ihren Lebensunterhalt. Ein halbes Jahr später kündigte sie aus Unzufriedenheit diese Stelle. Ihre nächste Stelle bei Madame Baudin war mit schwerer körperlicher Arbeit verbunden. Über diese Tätigkeit beklagte sich Séraphine – verbunden mit einem Neujahrsgruß – bei ihrer alten Bekannten Madame Bonnet in Senlis. Diese empfahl sie ihrer Freundin Madame Mony, deren Mann im Sterben lag und deren Dienstmädchen im Krankenhaus war und dringend Hilfe benötigte.

Ab 1903 oder 1904 arbeitete Séraphine in dem kleinen Städtchen Senlis. Ihr Dienst als Aufwartefrau bei Madame Mony endete, als diese 1904 nach Paris zog, wohin Seraphine nicht folgen wollte.

Ab 1905 arbeitete Séraphine bei dem Advokaten Chambard in Senlis. Während dieser Tätigkeit begann sie, Blumen und Früchte auf Papier, Schachteln, Dosen, Holzplatten, Vasen, Krüge, Flaschen und Teller zu malen. Für viele ihrer Bilder verwendete sie eine Lackfarbe namens Ripolin, die 1889 von dem Holländer Carl Julius Riep erfunden wurde. Diese Farbe haftete auf fast allen Untergründen und ergab eine emailartig leuchtende, sehr wasserbeständige Oberfläche.

Die Ehefrau des Advokaten Chambard fand die künstlerischen Aktivitäten ihrer Aufwartefrau lächerlich. Der Sohn von Madame Chambard dagegen meinte, Séraphine habe Talent und solle weitermachen. Der größte Teil der frühen Werke von Seraphine ging verloren oder wurde, weil man sich deren Wertes damals noch nicht bewusst war, bei Entrümpelungen zerstört.

Nach ihrer Aussage griff Séraphine nicht aus eigenem Antrieb zu Zeichenstift und zum Pinsel. Über ihre Anfänge als Künstlerin berichtete sie jedoch Unterschiedliches. Sie erklärte, ihr Schutzengel habe ihr in der Kirche aufgetragen, mit dem Zeichnen zu beginnen. Gelegentlich behauptete sie aber, die Jungfrau Maria habe ihr den Befehl zum Malen erteilt. Diese Erscheinung der Muttergottes lokalisierte sie mal in der Kathedrale von Senlis, mal in ihrer Wohnung.

Um 1906 beschloss Séraphine, künftig nicht mehr bei ihrer jeweiligen Herrschaft zu wohnen. Sie mietete in der Rue du Puits Tiphaine im Haus Nr. 1 eine kleine Dachkammer, in der sie rund 25 Jahre wohnte.

In ihrer Dachkammer malte Séraphine nur nachts und niemand durfte ihr dabei zusehen. Weil sie in der warmen Jahreszeit beim Malen ihr Fenster offen stehen ließ, hörte man in der Nachbarschaft und auf der Straße, dass sie schrill und falsch religiöse Lieder sang. Beim Malen vergaß sie offenbar die Welt um sich herum und tauchte in ihre inneren Bilder, in ihre Visionen, ein.

Um 1910 trat Séraphine eine Stelle bei der Familie Duflos in Senlis an. Irma Duflos war Schneiderin und betrieb ein Modegeschäft. Sie erhielt von ihrer Aufwartefrau zahlreiche Gemälde, die sie meistens verschenkte. Manche ihrer Bilder malte Séraphine mit Farben aus dem Farbkasten von Pierre Duflos, dem Sohn von Madame Duflos. Pierre und dessen Freund Philippe Andy spielten Séraphine einmal einen Streich: Sie entwendeten ihren Wohnungsschlüssel, drangen in ihre Wohnung ein und malten auf einem Stilleben ein buntes Insekt dazu.

In Senlis galt Séraphine als Sonderling. Stets trug sie einen flachen, schwarzlackierten Strohhut, über der Schulter abgeschnittene Haare, einen weiten und kurzen Schulter-umhang (Pelerine), der nur die Schultern und Oberarme bedeckte, einen langen, schwarzen oder weißen Schal, einen knöchellangen, bauschigen, schwarzen Rock, und dicke Männerschuhe. Zu ihren belächelten Eigenheiten gehörte auch, dass sie mit Bäumen sprach.

Séraphine war in Senlis keineswegs aber ganz so einsam oder etwa gar von allen Einwohnern verachtet, wie manchmal in der Literatur fälschlicherweise behauptet wird. Sie hatte eine Freundin, eine Gemüsefrau namens Mandine, die auf einem Karren ihre Waren feilbot. Allabendlich bereitete Mandine aus unverkauften Resten eine Gemüsesuppe zu, die sie zusammen mit Séraphine löffelte. Die dankbare Séraphine schenkte Mandine gelegentlich Bilder, die auf dem Speicher landeten. Diese Gemälde wurden nach dem Tod von Mandine und deren Schwester leider von deren Erben bei einer Entrümpelung entsorgt.

Einer Entrümpelung des Speichers fielen auch drei große Gemälde zum Opfer, die Séraphine dem Lebensmittelhändler Esnaux in Senlis für ihren täglichen Rotwein überlassen hatte. Dessen beide Töchter warfen die Bilder während einer Reise des Vaters und der Mutter bei einer Aufräumaktion weg.

Auf das ungewöhnliche Talent von Séraphine wurde der deutsche Kunstschriftsteller Wilhelm Uhde (1874–1947) um

1912 aufmerksam, der sich meistens in Paris aufhielt und früh für die zeitgenössische Kunst einsetzte. Er förderte unter anderem Pablo Picasso (1881–1973) und Georges Braque (1882–1963), aber auch Laienmaler, deren Bedeutung er als erster erkannte.

Wilhelm Uhde hatte sich in Senlis für 15 Franc im Monat eine kleine Wohnung mit zwei Zimmern und mit einem Vorraum gemietet, um sich dort in den Ferien vom hektischen Leben der Großstadt Paris zu erholen und um in Ruhe schreiben zu können. Eine unscheinbare, sehr eigenwillige Frau in mittlerem Alter, die man ihm empfohlen hatte, arbeitete für ihn als Putzfrau, nämlich Séraphine Louis. Sie kam jeden Morgen für eine Stunde, um seine Wohnung aufzuräumen. Wenn sie erschien, unternahm Uhde jeweils einen Morgenspaziergang.

Eines Tages fiel Wilhelm Uhde im Schaufenster eines Fotografen in Senlis ein kleines Stilleben auf, das zum Verkauf stand und ihn tief beeindruckte. Dieses Bild zeigte Äpfel auf einem Tisch und sonst nichts. Vor jenem Gemälde stand Uhde eine Zeit lang ergriffen und schweigend. Als er fragte, wer dieses Bild geschaffen habe, erfuhr er zu seiner großen Überraschung, dass es von seiner Putzfrau Séraphine stammte, die dieses Werk in ihrer Freizeit gemalt hatte.

Uhde erwarb das Stilleben für acht Franc und stellte es auf einen Stuhl in seiner Wohnung. Als Séraphine am nächsten Tag wieder zum Aufräumen kam, erblickte sie ihr Bild, lachte und fragte, ob Uhde ihr Gemälde gekauft habe und ob es ihm gefalle. Dieser antwortete „sehr gut" und fragte, ob sie noch mehr solcher Bilder habe.

Danach brachte Séraphine ein halbes Dutzend ihrer Werke zu Uhde, von denen jedes auf ihn einen großen Eindruck machte und die er alle kaufte. Der Kunstexperte zeigte einige dieser

Bilder den kompetentesten seiner Freunde und diese waren
ebenso stark begeistert wie er.

Im Juli 1914 mussten Wilhelm Uhde und seine Schwester
Anne-Marie wegen des ausbrechenden Ersten Weltkrieges
(1914–1918) Frankreich verlassen. Auf einem öffentlichen
Platz in Senlis wurde die Habe aus der kleinen Wohnung von
Uhde, darunter die ersten Bilder, die er von Séraphine erworben
hatte, verkauft. Er erfuhr nie, wer der Käufer gewesen war.
Diese früh von Séraphine erstandenen Werke gelten heute als
verschollen. Seine Pariser Kunstsammlung, in der sich keine
Bilder von Séraphine befanden, wurde am 30. Mai 1921
versteigert.

1924 kehrte Wilhelm Uhde wieder nach Frankreich zurück,
wo er seine einst zurückgelassene Kunstsammlung wieder in
Besitz nehmen wollte. Uhde lebte damals mit einem Mann
zusammen und glaubte, Séraphine sei womöglich bereits
gestorben.

Um 1925 erhielt Séraphine von Pierre Duflos, der in Paris ein
Architekturstudium begonnen hatte, den Rat, sie solle nicht
weiterhin mit der Lackfarbe Ripolin malen. Diese sei zu
dünnflüssig und verlaufe beim Malen sehr leicht. Aus Paris
brachte er ihr Ölfarben und Künstlerpinsel mit. Fortan wurde
der maltechnische Aufbau der Bilder komplizierter: Bildgrund
in Ripolin, auch teilweise die Vorzeichnung der Blüten und
Blätter, darüber dann der pastose Auftrag von Ölfarbe und
gelegentlich auf der Ölfarbe schwimmend noch einige Tupfer
in Rapolin.

Zu den Nachbarn von Séraphine in der Rue du Puits Tiphaine
in Senlis gehörte ab 1926 die Familie Leblanc. Deren 16-
jähriger Sohn Henri zeichnete damals Séraphine mit ihrem
typischen lackierten Strohhut sowie mit einem Korb und
Holzpantinen in den Händen.

Bei einer Ausstellung provinzieller Maler, die von der „Societé des Amis des Arts de Senlis" im Rathaus von Senlis vom 8. bis zum 23. Oktober 1927 arrangiert wurde, war Séraphine vermutlich mit sechs Bildern vertreten. Dank eines überschwänglichen Artikels des Kunstkritikers Louis Gillet (1876–1943) über diese Ausstellung wurde Séraphine auch in Paris bekannt. Gillet schrieb: „Seit drei Tagen gibt es in Senlis, das nicht gerade ruhmverwöhnt ist, Genialität. Senlis hat zur Avantgarde gefunden ... Senlis hat eine Legende. Senlis hat Séraphine ...“

Bei dieser Austellung sah Wilhelm Uhde, der sich in Chantilly niedergelassen hatte, erstmals wieder Bilder der inzwischen 63 Jahre alten Séraphine. Tief betroffen von der Weite und Tiefe dieser neuen Werke nahm Uhde mit Séraphine wieder Kontakt auf. Diese hatte sich zwar künstlerisch weiterentwickelt, musste aber immer noch als einfache Putzfrau ihren Lebensunterhalt verdienen. Séraphine wohnte zurückgezogen in einem armseligen Zimmer, in dem ständig eine kleine Lampe vor einem Bild der heiligen Maria brannte, und malte eifrig.

Wilhelm Uhde beschaffte der kleinen Malerin mit aus-gebleichten Haarsträhnen, blassem Gesicht und fanatischem Blick große Leinwände, die sie für ihre Gemälde benötigte. Das Malen in Öl war für Séraphine etwas Magisches. Ihre Bilder entstanden gleichsam in Trance. Uhde verschaffte ihr Zugang zur Kunstszene und durch den Verkauf ihrer Bilder einen höheren Lebensstandard.

1927 fertigte der erwähnte Henri Leblanc zwei Zeichnungen an, die Séraphine Louis beim Wohnungsputz am Fenster zeigen. Zu sehen sind jeweils Séraphine beim Ausschütteln des Staubtuches und ein auf das Fensterbrett gestellter Topf, in dem Pinsel stehen.

Nach der Ausstellung von 1927 im Rathaus von Senlis rieten
wohlmeinende Leute dazu, Séraphine solle Zeichenstunden
beim Zeichenlehrer Fournier am „College Saint Vincent" in
Senlis nehmen. Doch Fournier wies dieses Ansinnen zurück.
Vielleicht wollte er keiner 63-Jährige Unterricht geben oder er
hatte andere Gründe für seine Ablehnung.
Auch ohne Unterricht schuf Séraphine innerhalb weniger Jahre
ein beachtliches Werk. Sie malte Bäume, Früchte, Blätter oder
Blumen, die sie mit einer Phantasie gestaltete, die über jede
Ähnlichkeit mit der Natur erhaben ist, und apokalytische
Visionen. Ihre phantasievollen Formen sind sehr präzise und
mit ungewöhnlichen Details reiner Erfindung hingesetzt.
Niemals verriet sie das Geheimnis ihrer emaillierenden,
farbenfrohen Technik.
In „Knaurs Lexikon moderner Kunst" wird über Séraphine
gemutmaßt: „Möglicherweise haben die großen farbigen
Flammen auf den Glasfenstern der Kirche von Senlis ihr die
Idee zu den aufstrebenden Rhythmen ihrer großen Leinwände
eingegeben, deren Details eine seltsame Welt offenbaren:
Blätter deren Herz eine Frucht ist, oder auf denen sich Augen
öffnen, von Wimpern umgeben, die an die Federn kostbarer
Vögel denken lassen."
Séraphine gehörte zusammen mit ihrem männlichen Kollegen
Henri Rousseau (1844–1910), genannt „le Douanier" („der
Zöllner"), zu den besten naiven Malern Frankreichs. Rousseau
arbeitete als Beamter beim Pariser Stadtzoll, ließ sich jedoch
1893 pensionieren, um sich ganz der Malerei widmen zu
können.
Nach dem Einsetzen der „Großen Depression" ab 1929
konnte Wilhelm Uhde die Bilder von Séraphine nicht mehr in
Paris ausstellen. Somit war es unmöglich geworden, ihren
inzwischen verschwenderisch gewordenen Lebensstil zu

finanzieren. Mitte oder Ende 1930 kündigte Uhde sein Vertragsverhältnis mit Séraphine.

Ab Herbst 1930 wurde das Verhalten von Séraphine immer seltsamer. Mit ihren lauten nächtlichen Gesängen nervte sie zunehmend ihre Nachbarn. Sogar mitten in der Nacht stand sie auf und machte großen Lärm. Eines Tages verkündete sie ihre bevorstehende Heirat mit einem Hauptmann in Spanien, dann mit einem Engel. Diese angebliche Heirat und ihre späteren eingebildeten Schwangerschaften werden von manchen Autoren als Ausdruck unerfüllter Sexualität gedeutet. In Erwartung ihrer angeblichen Hochzeit und ihres neuen Standes kaufte Séraphine unnützes Geschirr, Silberbesteck, Vasen, Teppiche, Möbel und viel Nippes. Bei einer Schneiderin bestellte sie ihr Hochzeitskleid.

Außerdem wurde Séraphine von Verfolgungsängsten geplagt. Sie fürchtete sich vor Einbrechern, die sie angeblich bestahlen und ihre Lebensmittel vergifteten. Einmal gab sie den Auftrag für die eigene Leichenschau, weil sie glaubte, von ihrer alten Dienstherrin Madame Duflos vergiftet worden zu sein. Sogar bei Polizei und Priestern vermutete sie Diebe und Mörder. In der Kathedrale störte sie während des Gottesdienstes und bemalte „auf Befehl ihrer Schutzengel" eine Marienfigur rosa. Eines Tages ging sie von Haus zu Haus und prophezeite den Untergang der Welt.

Ende Januar 1932 glaubte Séraphine, die Jungfrau Maria und eine ältere, bereits verstorbene Schwester, deren Stimmen sie öfter hörte, hätten ihr geraten, ihre Wohnung zu verlassen. Sie war von der Angst besessen, vergiftet zu werden, aß nichts mehr, räumte ihre Wohnung aus und stellte einen Teil ihres Besitzes einige Straßen weiter im Cours Thoré Montmorency ab. Nachbarn holten daraufhin die Polizei. Hierüber berichtete später der „Courrier de l'Oise".

Nach diesem Vorfall am Sonntag, 31. Januar 1932, ließ die Polizei Séraphine ohne Verzug in das Hospital von Senlis bringen. Dort untersuchte sie ein Arzt und bescheinigte ihr Schwachsinn. Weil sich ihr Zustand im Hospital nicht besserte, wurde Séraphine am 25. Februar 1932 in die psychiatrische Anstalt in Clermont-sur-l'Oise eingewiesen. Einen Tag nach der Einlieferung stellte ein Arzt die Diagnose, sie leide an einer chronischen Psychose mit Größenwahnvorstellungen und Verfolgungswahn.

Wilhelm Uhde wollte Séraphine in der Heilstalt besuchen und mit ihr sprechen. Doch deren Ärzte rieten ihm davon ab, weil nach ihrer Auffassung die Kunst Séraphine in den Wahnsinn getrieben hatte. Uhde kümmerte sich aber darum, dass Séraphine das beste Zimmer in der Anstalt erhielt, von dem aus sie weiterhin Zugang zur Natur hatte, die sie stets inspirierte.

Nach der Einweisung von Séraphine in die Anstalt ersteigerte Uhde das letzte große Bild, das diese in Senlis gemalt hatte. Das Kunstwerk im Format 146 mal 114 Zentimeter war in eine Ecke des Auktionssaals gestellt und verstaubte dort. Es zeigte ein zartes Gewebe von Blättern in Rosa, Hellgrün, Gelb und Grau.

In der Anstalt schrieb Séraphine oft Briefe mit verwirrendem Inhalt, viele davon an die Gendarmerie von Clermont-sur-l'Oise. Mitte Januar 1935 fühlte sie sich schwanger. Ende Dezember 1935 wartete sie noch immer auf ihren Freund, der sie heiraten sollte. Im September 1936 verlangte sie Essen für ihre kleinen Zwillinge.

Am 10. September 1936 schrieb Séraphine einen Brief an die Gendarmerie, in dem sie um die Abholung von Gemälden und die Bezahlung von 100.000 Francs bat. Damals befürchtete sie den Ausbruch eines großen Krieges, womit sie – wenn man an den Zweiten Weltkrieg (1939–1945) denkt – nicht ganz unrecht hatte, und prophezeite, dass die Anstalt bombardiert werde.

In der Nervenheilanstalt von Clermont-sur-l'Oise hat Séraphine offenbar noch zeitweise gemalt. Sicherlich wurde sie vom ärztlichen Personal aus therapeutischen Gründen hierzu ermuntert. Von diesen späten in der Anstalt entstandenen Werken ist bisher aber keines aufgetaucht. Überliefert ist aber auch, dass man ihr einmal Farben und Pinsel brachte und sie diese Mal-Utensilien mit den Worten „Ich bin zu alt" zurückwies.

Seraphine hat ein Jahrzehnt lang in der Nervenheilanstalt von Clermont-sur-l'Oise gelebt. Ihr Geisteszustand verschlechterte sich immer mehr. Im Juli 1942 pflückte sie Gras, um es nachts zu essen. Im August jenes Jahres hieß es über sie, sie sei nicht bei sich und esse Schutt. Am 11. Dezember 1942 starb Séraphine im Alter von 78 Jahren an Brustkrebs.

Wilhelm Uhde rechnete Séraphine Louis zu den „großen Unsterblichen, die sich nicht in den Rahmen einer Bewegung oder einer Schule zwängen lassen". Der französische Kunstkritiker Anatole Jakovsky (1909–1988) hielt sie für eine der größten naivem Maler der Welt und aller Zeiten.

Die Werke von Séraphine Louis wurden so berühmt, dass man sie nach ihrem Tod als französischen Beitrag für die Biennale in Sao Paulo (Brasilien) akzeptierte. Auf Initiative von Wilhelm Uhde erfolgte 1945 die erste Einzelausstellung mit Bildern von Séraphine in der „Galerie de France" in Paris.

Zu den Museen, die Werke von Séraphine Louis ausstellen, gehören das „Museum Charlotte Zander" in Bönnigheim mit der größten Sammlung von Arbeiten von Séraphine, das „Clemens-Sels-Museum" in Neuss, das „Musée National d'Art Moderne" in Paris („Der rote Baum"), das „Musée Maillol" in

Paris, das „Musée International d'Art Naif Anatole Javkovsky"
in Nizza, das „Musée devieux-chateau" in Laval, das „Musée
d'art" in Senlis, das „Musée d'art naif" in Béraut, und das
„Musée d'art naif" in Vicq.
Der Regisseur Martin Provost wurde von der ungewöhnlichen
Lebensgeschichte dieser Künstlerin zu der Filmbiografie
„Séraphine" inspiriert. Diese erlebte am 1. Oktober 2008 auf
dem „Toronto International Film Festival" ihre Erstaufführung
und kam am 1. Oktober 2008 in Frankreich ins die Kinos. Die
belgische Schauspielerin Yolande Moreau spielte die Rolle der
Malerin Séraphine Louis, Ulrich Tukur diejenige des Kunst-
sammlers Wilhelm Uhde. Jener Film gewann 2009 sieben Cé-
sars und zwar in den Kategorien Bester Film, Beste Haupt-
darstellerin (Yolande Moreau), Beste Kamera (Laurent Brunet),
Beste Filmmusik (Michael Galasso), Beste Kostüme (Madeline
Fontaine), Bestes Szenenbild (Thierry Francois), Bestes Ori-
ginal-Drehbuch (Marc Abdelnour, Martin Provost).

Literatur

FEMBIO http://www.fembio.org
GREER, Germaine: Das unterdrückte Talent. Die Rolle der
Frauen in der bildenden Kunst, Berlin 1980
KÖRNER, Hans / WILKENS, Manja: Séraphine Louis
1864–1942, Berlin 2009
LORQUIN, Bertrand / UHDE, Wilhelm / DERENNE,
Jan-Louis Derenne: Seraphine de Senlis.
Ausstellungskatalog, Paris 2008
PROBST, Ernst: Superfrauen 8 – Malerei und Fotografie,
Mainz-Kostheim 2001
WIKIPEDIA (Online-Lexikon) http://wikipedia.org

Bildquellen

Klaus Benz, Fotograf, Mainz-Laubenheim: 18
Reproduktion eines Fotos: 4

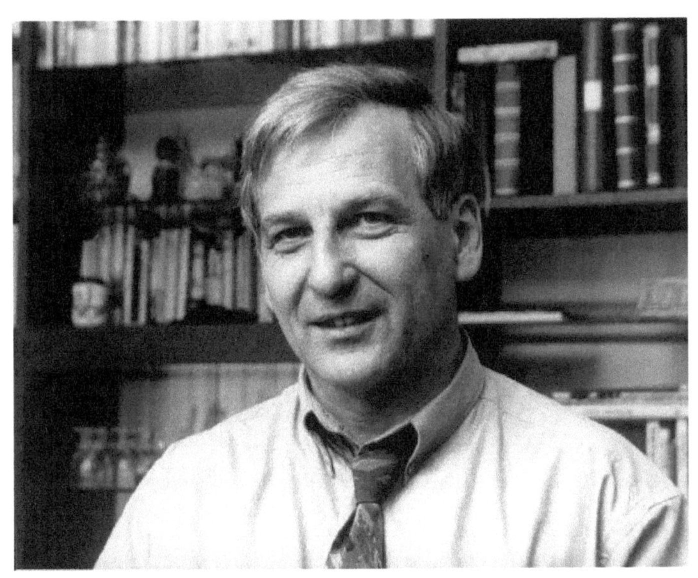

Autor Ernst Probst

Der Autor

Ernst Probst, geboren am 20. Januar 1946 in Neunburg vorm Wald im bayerischen Regierungsbezirk Oberpfalz, ist Journalist und Wissenschaftsautor. Er arbeitete von 1968 bis 1971 als Redakteur bei den „Nürnberger Nachrichten", von 1971 bis 1973 in der Zentralredaktion des „Ring Nordbayerischer Tageszeitungen" in Bayreuth und von 1973 bis 2001 bei der „Allgemeinen Zeitung", Mainz. In seiner Freizeit schrieb er Artikel für die „Frankfurter Allgemeine Zeitung", „Süddeutsche Zeitung", „Die Welt", „Frankfurter Rundschau", „Neue Zürcher Zeitung", „Tages-Anzeiger", Zürich, „Salzburger Nachrichten", „Die Zeit", „Rheinischer Merkur", „Deutsches Allgemeines Sonntagsblatt", „bild der wissenschaft", „kosmos", „Deutsche Presse-Agentur" (dpa), „Associated Press" (AP) und den „Deutschen Forschungsdienst" (df). Aus seiner Feder stammen die Bücher „Deutschland in der Urzeit" (1986), „Deutschland in der Steinzeit" (1991), „Rekorde der Urzeit" (1992), „Dinosaurier in Deutschland" (1993 zusammen mit Raymund Windolf) und „Deutschland in der Bronzezeit" (1996). Von 1986 bis 2011 veröffentlichte Ernst Probst mehr als 100 Bücher, Taschenbücher, Broschüren, Museumsführer und E-Books.

Bücher von Ernst Probst

Superfrauen 1 – Geschichte
Superfrauen 2 – Religion
Superfrauen 3 – Politik
Superfrauen 4 – Wirtschaft und Verkehr
Superfrauen 5 – Wissenschaft
Superfrauen 6 – Medizin
Superfrauen 7 – Film und Theater
Superfrauen 8 – Literatur
Superfrauen 9 – Malerei und Fotografie
Superfrauen 10 – Musik und Tanz
Superfrauen 11 – Feminismus und Familie
Superfrauen 12 – Sport
Superfrauen 13 – Mode und Kosmetik
Superfrauen 14 – Medien und Astrologie

Superfrauen aus dem Wilden Westen

Königinnen der Lüfte von A bis Z
Königinnen der Lüfte in Deutschland
Königinnen der Lüfte in Frankreich
Königinnen der Lüfte in England, Australien
und Neuseeland
Königinnen der Lüfte in Europa
Königinnen der Lüfte in Amerika

Königinnen des Tanzes
Hildegard von Bingen. Die deutsche Prophetin
Elisabeth I. Tudor. Die jungfräuliche Königin
Maria Stuart. Schottlands tragische Königin

Christl-Marie Schultes. Die erste Fliegerin in Bayern
(zusammen mit Theo Lederer)
Drei Königinnen der Lüfte in Bayern.
Thea Knorr – Christl-Marie Schultes – Lisl Schwab
(zusammen mit Josef Eimannsberger)
Liesel Bach. Deutschlands
erfolgreichste Kunstfliegerin
Melli Beese. Die erste Deutsche
mit Pilotenlizenz
Elly Beinhorn. Deutschlands Meisterfliegerin
Marga von Etzdorf. Die tragische
deutsche Fliegerin
Thea Knorr. Eine frühe Fliegerin
in München
Angelika Machinek. Eine Segelfliegerin
der Weltklasse
Thea Rasche. The Flying Fräulein
Hanna Reitsch. Die Pilotin
der Weltklasse
Lisl Schwab. Eine Kunstfliegerin
aus den 1930-er Jahren
Melitta Gräfin Schenk von Stauffenberg.
Deutsche Heldin mit Gewissensbissen
Beate Uhse. Deutschlands
erste Stuntpilotin

Monstern auf der Spur. Wie die Sagen über Drachen,
Riesen und Einhörner entstanden
Affenmenschen. Von Bigfoot bis zum Yeti
Seeungeheuer. Von Nessie
bis zum Zuiyo-maru-Monster

Der Schwarze Peter. Ein Räuber im Hunsrück
und Odenwald
Julchen Blasius. Die Räuberbraut
des Schinderhannes
Johann Jakob Kaup. Der große Naturforscher
aus Darmstadt

Der Ball ist ein Sauhund. Weisheiten und Torheiten
über Fußball (zusammen mit Doris Probst)
Worte sind wie Waffen. Weisheiten und Torheiten
über die Medien (zusammen mit Doris Probst)
Schweigen ist nicht immer Gold. Zitate von A bis Z

Bestellungen bei www.grin.com